AF452359

Contes à Sara

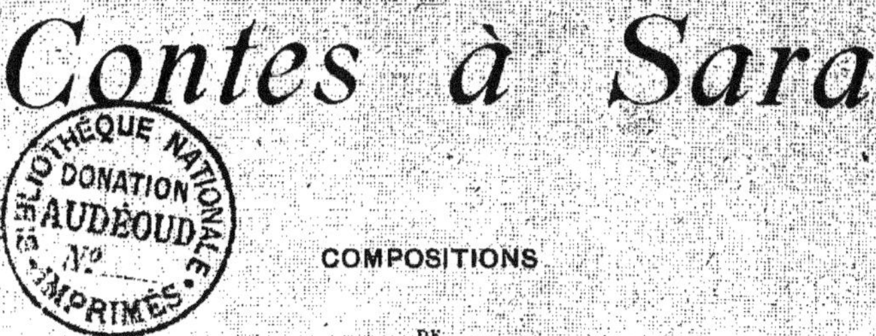

COMPOSITIONS

DE

STEINLEN

Gravées sur bois par DESMOULINS

PARIS

LIBRAIRIE L. CONQUET

L. Carteret et Cie, Sucrs

5, RUE DROUOT, 5

—

1899

Contes à Sara

CONTES À SARA

Dessins de Steinlen

Gravés sur bois par A. Desmoulins.

Paris

Librairie L. Conquet.

L. Carteret et Cie Srs

5. RUE DROUOT. 5

1898

HORRIBLE FIN DE BAZOUGE
OU LES SUITES FUNESTES
DE L'INTEMPERANCE

IMPRESSIONS d'un LECTEUR

La Boite au Lait

Le Plus Vexé des Trois

Les Tribulations du Berger Laubépin

La Mauvaise Aventure de Maigriou

LA PIPE

La Vertu est toujours Récompensée

Le Méchant Dada

Conte en Vieux Français

BIBLIOTH. NATIONALE. B.F